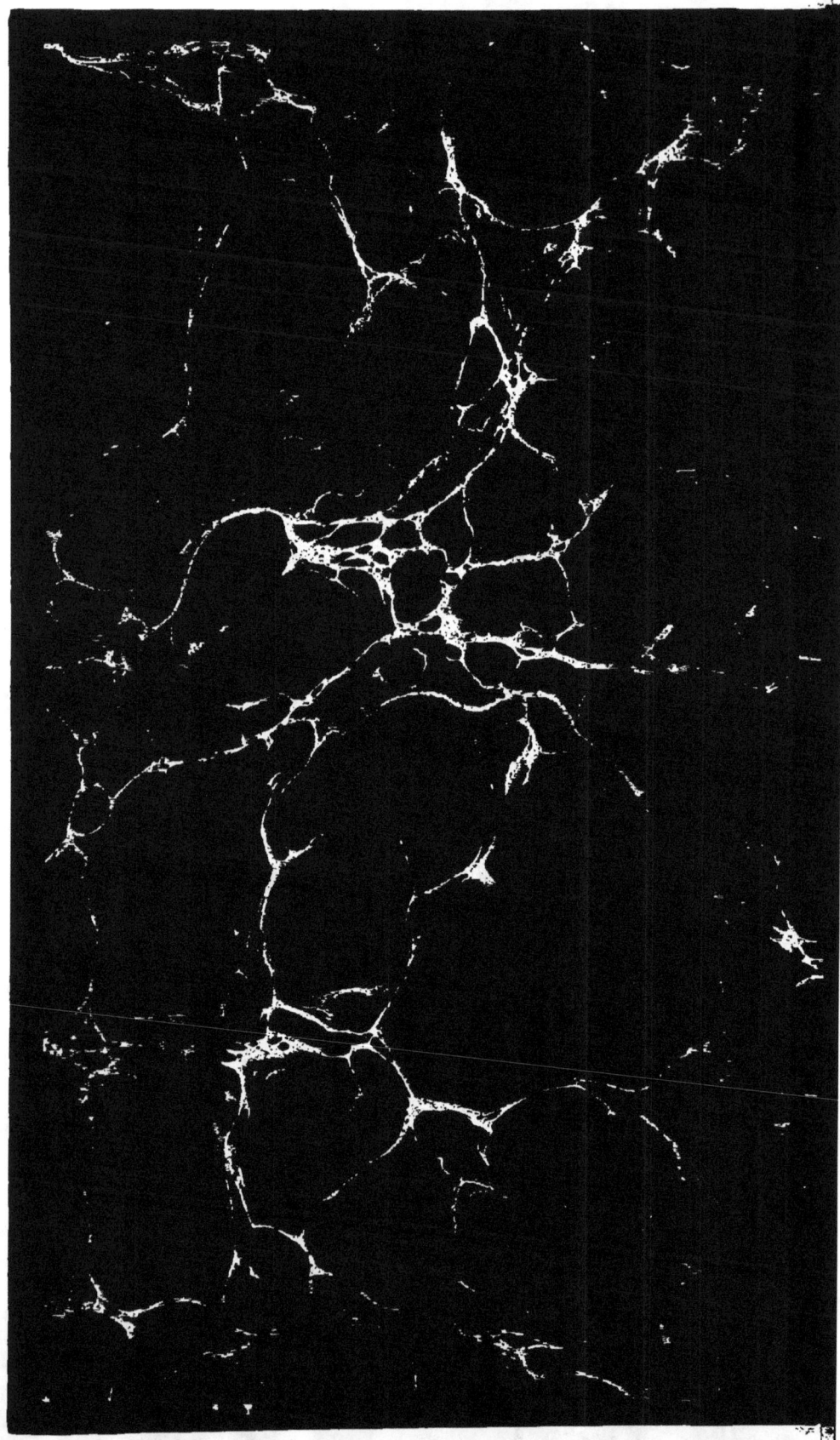

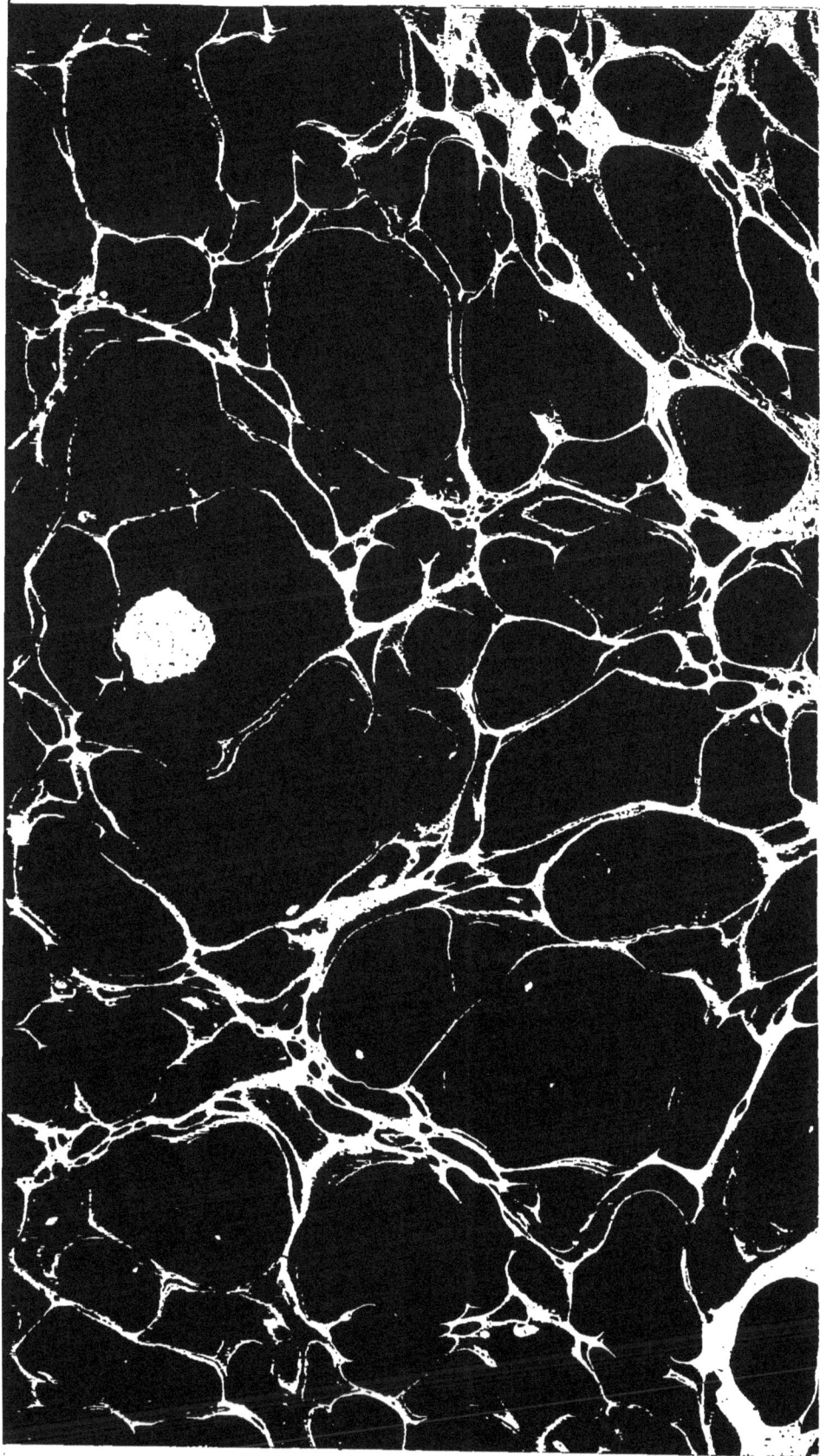

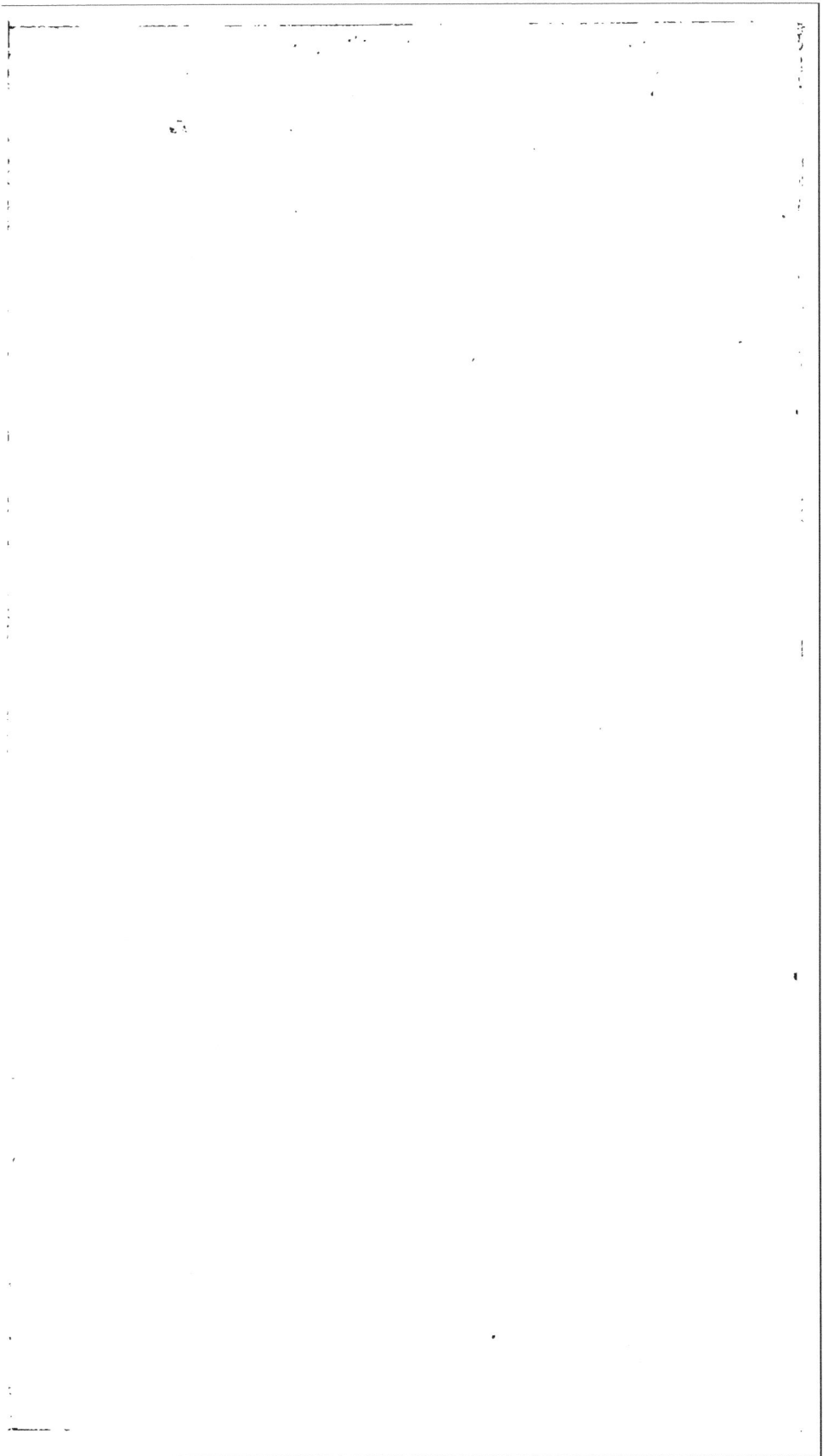

EXERCICES

DE

STYLE.

PREMIÈRE PARTIE.
Exercices préparatoires.

(Partie du maître.)

PAR

P. CUREL,

DIRECTEUR DE L'ÉCOLE COMMUNALE SUPÉRIEURE
ET DE L'ÉCOLE D'ADULTES DE TOULON.

TOULON,
IMPRIMERIE DE Ve BAUME, RUE DE L'ARSENAL, 17.

EXERCICES ÉLÉMENTAIRES

DE

STYLE.

PREMIÈRE PARTIE.
Exercices préparatoires.

PAR
P. CUREL.

TOULON,
IMPRIMERIE DE Ve BAUME, RUE DE L'ARSENAL, 17.

PRÉFACE.

Dès qu'un élève a récité les règles de la grammaire ; dès qu'il peut corriger de lui-même les fautes contenues dans les exercices de Chapsal ou de Bescherelles, l'instituteur le soumet à la *composition*, pour lui donner l'habitude d'un style soigné ; car on peut écrire correctement, sous dictée, une page hérissée de difficultés grammaticales, sans être capable pour cela de tourner une phrase avec élégance.

Mais de l'étude de la grammaire à la *composition* la distance est grande, et l'expérience nous prouve tous les jours combien ce brusque passage prépare au professeur et à l'élève d'embarras et de déceptions.

Pour écrire d'une manière convenable, il faut avoir une somme d'idées qu'un enfant ne saurait trouver dans son propre fonds ; il faut avoir de plus la connaissance des *formes* diverses que la pensée est susceptible de revêtir, pour être exprimée selon les règles du bon goût. Demander à un jeune élève la composition d'un morceau de littérature, sur un canevas donné, c'est demander à un jeune manœuvre inexpérimenté, la construction d'un monument d'architecture, d'après les règles de l'art, sans lui fournir tous les matériaux nécessaires. Aussi nous savons au prix de quelles peines nous parvenons à obtenir de nos élèves, quelques compositions passables.

Entre la grammaire et la composition, il y a donc évidemment une lacune. J'ai essayé de la remplir par mes *exercices pratiques de style*.

Ces exercices sont divisés en trois parties, qui forment trois petits volumes séparés : les *exercices préparatoires, les exercices de style simple et les exercices de style figuré*.

Par les *exercices préparatoires*, l'élève apprend à déterminer le sens d'une *proposition vague*, soit en donnant des compléments au sujet et à l'attribut, soit en y ajoutant des propositions incidentes. Quelques exemples suffiront pour en faire comprendre la nature et l'utilité.

Soit cette proposition : *la volonté peut*. L'élève en complète le sens, en donnant au sujet *volonté* et à l'attribut renfermé dans le verbe adjectif *peut*, tels compléments qu'il juge convenable.

Il dira par exemple : *la volonté* de Dieu *peut* tout.

Ou : *la volonté* de réussir *peut* faire surmonter les plus grands obstacles.

Ou : *la* ferme *volonté* de nous corriger de nos défauts *peut* développer en nous les plus belles qualités.

Ou : *la volonté* énergiquement exprimée de se faire obéir, *peut* dompter les caractères les plus rebelles.

AUTRE EXEMPLE : *les allées plaisent.*

Les *allées* du parc *plaisent* moins par leur régularité que par la beauté des arbres qui les ombragent.

Ou : Les *allées* solitaires *plaisent* surtout quand elles sont éclairées par la pâle lumière de la lune.

Ou : Les *allées* sombres et tortueuses *plaisent* à ceux qui veulent se livrer à de graves méditations.

AUTRE EXEMPLE : *Dès que l'orage se fut dissipé.....*

Dès que l'orage se fut dissipé, je sortis tout

tremblant de la caverne où je m'étais réfugié.

Ou : *Dès que l'orage se fut dissipé*, les oiseaux voltigeant çà et là dans la campagne, saluèrent, par leurs chants, le retour du beau temps.

Ou : *Dès que l'orage se fut dissipé*, les habitants du hameau, l'air abattu, allèrent contempler les ravages de l'inondation.

Le professeur doit laisser aux élèves toute liberté dans le choix des compléments. Seulement il doit relever toute expression impropre, oiseuse, triviale, insignifiante. Les *exercices préparatoires* ont pour but d'accoutumer les enfants à n'employer que des mots dont ils connaissent parfaitement la signification, à ne rien dire qui ne soit vrai ou vraisemblable, à faire des conjonctifs un usage judicieux, et à n'adopter que des constructions régulières. Aucune opération n'est plus propre à exercer leur jeune imagination et à former leur jugement.

Quand les élèves ont épuisé les exercices préparatoires contenus dans ce volume, le professeur peut leur proposer de *construire des phrases sur des mots donnés*, *pris isolément*.

Le dictionnaire est ainsi une source inépui-

sable d'exercices préparatoires. On doit soumettre les élèves à ces sortes d'opérations
jusqu'à ce qu'ils soient capables de composer
régulièrement une phrase de plusieurs propositions.

Tout cela néanmoins ne suffit pas pour les
initier à l'art de bien écrire. Le bon style est
le fruit du bon goût, et le bon goût ne s'ac-
quiert que par la lecture réfléchie des bons
auteurs, et par la comparaison que l'on fait,
souvent à son insu, des expressions et des
tours de phrase qui choquent les convenances
littéraires avec ceux qui les respectent et s'y
conforment.

Cette comparaison, l'élève est appelé à la
faire dans les *exercices* de la deuxième et de
la troisième partie de l'ouvrage, lesquels
consistent à *traduire en bons termes* des pensées
trivialement exprimées.

EXEMPLE : Travailler à quoi que ce soit,
pourvu que ce soit à des choses innocentes,
c'est mieux que de ne rien faire.

Traduction : *Toute occupation innocente vaut
mieux que le désœuvrement.*

AUTRE EXEMPLE : Il y a beaucoup de gens
qui montrent un grand courage, et cela moins

pour s'acquérir de la gloire que de peur d'être déshonorés, en paraissant manquer de bravoure.

Traduction : *Le désir de la gloire fait moins de braves que la crainte du déshonneur.*

AUTRE EXEMPLE : Celui qui ne met que très peu de temps à s'enrichir, ne le fait pas certainement par des moyens irréprochables.

Traduction : *Une prompte fortune n'est jamais innocente.*

AUTRE EXEMPLE : Si ceux qui se donnent tant de peine pour faire parler d'eux après leur mort, pouvaient savoir ce qu'on dira d'eux, ou s'ils savaient qu'on n'en dira rien du tout, ils se tourmenteraient beaucoup moins.

Traduction : *L'ardeur de ceux qui font tout pour la postérité, serait bien refroidie, s'ils pouvaient prévoir ses jugements ou son silence.*

La deuxième partie comprend environ six cents phrases détachées, dans le genre de celles que je viens de citer. Elle a pour but d'accoutumer l'élève à la clarté et à la concision, sans exclure l'élégance.

La troisième partie est spécialement consacrée à des exercices de *style figuré*. Elle ap-

prend à l'élève l'usage intelligent des ornements et l'art de donner à une pensée com-
mune, un tour agréable ou piquant. *Presque
toutes les choses qu'on dit, frappent moins que
la manière dont on les dit.* (Voltaire).

EXEMPLE : On doit faire de la critique, non
pas pour irriter les personnes qui en sont
l'objet, mais bien pour les instruire.

Traduction : *Le flambeau de la critique ne doit
pas brûler, mais éclairer.*

AUTRE EXEMPLE : De tous les édifices que le
temps a changé en ruines, un vieillard vénérable est ce qu'il y a de plus beau.

Traduction : *De toutes les ruines la plus
belle est un beau vieillard.*

AUTRE EXEMPLE : Il y a des pensées qui ne
fixent notre attention et ne nous paraissent
agréables que lorsqu'elles sont privées de tout
accessoire et qu'elles sont vues toutes seules.

Traduction : *Telle pensée, comme une fleur,
paraît charmante isolée, qui disparaît dans un
bouquet.*

Ces exercices sont éminemment propres à
former le goût. Les élèves y trouvent un grand
attrait ; ils attendent la traduction du professeur, comme ils attendraient le mot d'une

énigme dont ils auraient vainement cherché le mot.

J'ai cru devoir mêler aux pensées détachées qui constituent le fonds de l'ouvrage, un grand nombre de récits et de petites descriptions qui répandent de la variété dans les opérations.

Il est nécessaire que le professeur dicte tous les jours et fasse réciter les traductions, autant pour effacer l'impression qu'aurait pu laisser dans leur esprit, la mauvaise rédaction des phrases qu'ils ont eues à traduire, que pour enrichir leur esprit de belles pensées et de nobles sentiments.

Cet ouvrage ne donne à son auteur d'autre mérite que celui d'en avoir eu l'idée. C'est une simple compilation qu'aurait pu faire à sa place tout homme versé dans l'enseignement de la jeunesse. J'espère qu'il sera utile aux instituteurs et aux institutrices très souvent embarrassés dans la recherche et le choix d'exercices de style assortis à l'âge et à la capacité de leurs élèves

NOTIONS PRÉLIMINAIRES.

NOTIONS PRÉLIMINAIRES.

I

D. Que faut-il pour parler et pour écrire?

R. Il faut des idées et des mots pour les exprimer.

D. Qu'est-ce qu'une *idée?*

R. L'idée est la notion d'un fait. Quand l'esprit, par la pensée; s'est formé l'image d'un objet sensible ou intellectuel, il a acquis une idée.

D. Qu'entendez-vous par *objet sensible?*

R. Tout ce qu'on peut ou voir, ou entendre, ou toucher, ou sentir, ou goûter : *une pierre, un fruit, un animal,* sont des objets sensibles.

D. Qu'entendez-vous par *objet intellectuel?*

R. Tous les objets qui, sans tomber sous les sens, n'en existent pas moins dans l'esprit, comme *étude, bonté, orgueil.*

D. Qu'est-ce que le *jugement?*

R. Le *jugement* est une opération par laquelle l'esprit compare deux objets sensibles ou intellectuels, et affirme que les idées qu'on s'en fait se conviennent ou ne se conviennent pas. Par exemple : Pour affirmer que *la neige est blanche,* notre esprit compare les idées de *neige* et de *blancheur*, et il *juge* qu'elles se conviennent.

D. Qu'entendez-vous par *proposition*?

R. La *proposition* est l'expression d'un *jugement* par la parole ou par l'écriture.

D. De combien de termes se compose la proposition?

R. La proposition se compose de trois termes : le *sujet*, le *verbe* et l'*attribut*.

D. Qu'est-ce que le *sujet*?

R. C'est le mot qui nomme l'objet dont on veut désigner la manière d'être. Dans la proposition : *la neige est blanche*, le mot *neige* est le *sujet*.

D. Qu'est-ce que l'*attribut*?

R. L'*attribut* est le mot qui exprime la manière d'être du sujet. Dans la proposition précédente, le mot *blanche* est l'*attribut*.

D. Qu'est-ce que le *verbe*?

R. C'est le mot qui lie l'attribut au sujet, en affirmant que la manière d'être exprimée par l'attribut est, a été ou sera celle de l'objet nommé par le sujet. Dans la proposition précédente, le mot *est* est le *verbe*.

D. Ces mots : l'*enfant étudie*, forment-ils une proposition?

R. Oui, parce que le mot *étudie* renferme le verbe et l'attribut; c'est comme si l'on disait : *l'enfant est étudiant*.

D. Qu'est-ce qu'un complément?

R. Tous les mots qui développent, expliquent, complètent l'idée exprimée par le sujet ou par l'attribut s'appellent *compléments*. Si je dis : *l'enfant avide de connaissances étudie ses leçons, avec persévérance.* Les mots : *avide de connaissances, ses leçons, avec persévérance, sont des compléments.*

D. Combien distingue-t-on de sortes de propositions?

R. On distingue deux sortes de propositions : la *proposition principale* et la proposition *incidente.*

D. Qu'est-ce que la *proposition principale*?

R. La *proposition principale* est celle qui exprime ce qu'on veut *principalement* faire entendre. C'est la proposition à laquelle se rattachent, comme compléments, les propositions incidentes.

D. Qu'est-ce que la *proposition incidente*?

R. La *proposition incidente* est celle qui *intervient*, comme complément d'une partie de la proposition principale. Il s'ensuit que, si l'on fait entrer un verbe avec son sujet dans un complément, ce complément devient une *proposition indente.* Si je dis: *lorsque vous serez hommes, vous utiliserez les connaissances que vous aurez acquises dans votre enfance,* cette phrase renferme trois propositions: la principale, *vous utilise-*

rez; et les deux incidentes: *vous serez hommes et vous aurez acquises.*

Les propositions incidentes prennent différents noms selon le rôle qu'elles remplissent dans la phrase.

II

D. Qu'est-ce que le style (1) ?

R C'est la manière d'exprimer ses pensées par la parole.

D. Quelles sont les qualités du style ?

R. On distingue, dans le style, les qualités *générales,* et les qualités *particutières,*

Les premières sont celles qui constituent l'essence même du style; elle sont invariables.

Les secondes varient selon la différence des sujets.

D. Quelles sont les *qualités générales* du style?

R. Les qualités générales du style sont la *pureté,* la *clarté,* la *précision,* le *naturel,* l'*élégance,* la *noblesse* et l'*harmonie.*

D. Qu'entendez-vous par *pureté* du style?

R. La pureté du style naît de la *correction grammaticale* et de la *propriété des termes.*

La *correction* consiste à éviter l'emploi des mots et des constructions qui ne sont pas admis

---

(1) Ce qui suit est puisé dans le *Précis de Belles-Lettres* de M. Boussou de Mairet.

dans la langue, et à ne jamais violer les règles de la grammaire.

La *propriété des termes* consiste à rendre une pensée par l'expression qui lui convient. Un terme propre rend l'idée tout entière; un terme peu propre ne la rend qu'à demi, et un terme impropre la défigure. On ne doit jamais employer une expression sans en connaître parfaitement la signification.

D. Qu'entendez-vous par *clarté*?

R. La *clarté* est la plus importante qualité du style : elle fait qu'on saisit sur-le-champ et sans effort la pensée exprimée par la parole. Elle est l'effet non-seulement de la *pureté* du langage, mais encore et surtout de l'*ordre naturel des idées* et de la *simplicité*.

L'*ordre naturel des idées* consiste à suivre la marche naturelle de l'esprit, en leur donnant à chacune la place qui leur convient, en les classant de manière à former une chaîne dont tous les anneaux se tiennent, sans qu'il y ait rien de brusque, rien de forcé.

La *simplicité* est la manière de s'exprimer, pure, facile, naturelle, sans ornements recherchés et où l'art ne paraît point.

D. Qu'est-ce que la *précision*?

R. La *précision* consiste à ne rien dire de superflu et à ne rien omettre de nécessaire. Le meilleur moyen d'être clair et précis, est de se rendre raison de ses pensées et de bien saisir ce qu'on veut dire.

D. Qu'est-ce que le naturel du style?

R. Le *naturel du style* consiste à rendre ses pensées et ses sentiments avec aisance, sans effort et sans apprêt. L'expression, même la plus brillante, perd son mérite, dès que la recherche s'y laisse apercevoir. Le *naturel* produit la facilité du style, c'est-à-dire un style où le travail ne se montre pas.

D. Qu'entendez-vous par *élégance* de style?

R. L'élégance du style consiste dans un tour de pensée noble et gracieux, rendu par des expressions châtiées et coulantes. L'élégance n'existe qu'à la condition de se concilier avec le naturel.

D. Qu'est-ce que la *noblesse* du style?

R. La *noblesse* consiste à éviter les idées triviales et les termes bas. Pour être noble et naturel à la fois, il faut un goût sûr et délicat. Ce goût se forme par l'étude et l'imitation des bons écrivains.

D. Qu'est-ce que l'harmonie du style?

R. L'harmonie du style résulte de l'arrangement, de la disposition, de la proportion des mots et des phrases. Pour obtenir de l'harmonie, il faut faire un choix de mots harmonieux, fuir le concours de mauvais sons, éviter les hiatus et les mêmes consonances, et faire le mélange judicieux du *style périodique* et du *style coupé*.

D. Qu'est-ce que le style périodique?

R. La *période* est un assemblage de propositions de différentes espèces qui concourent au développement d'une seule pensée. Le *style périodique* est formé par un enchaînement de *périodes*.

D. Qu'est-ce que le *style coupé?*

R. Le *style est coupé* lorsque les phrases ne peuvent se diviser en plusieurs parties. Il est le résultat d'une série de propositions courtes et détachées.

III

D. Quelles sont les qualités particulières du style ?

R. Les qualités particulières du style varient suivant la nature des sujets qu'on traite ou des objets qu'on doit peindre. Il faut savoir assortir le style aux pensées.

On distingue trois sortes de style : le style *simple*, le *tempéré* et le *sublime*.

D. Qu'est-ce que le style simple?

R. Le style simple est la manière de s'exprimer naturellement, avec facilité et sans que l'art paraisse. Il n'admet qu'un petit nombre d'ornements. Indépendamment de la plus grande clarté,

il se fait une loi sévère de la pureté, de la préci-
sition et de la propriété des termes.

D. Quand est-ce qu'on fait usage du style
simple?

R. Le style simple s'emploie dans les entre-
tiens familiers; dans les récits, soit en prose soit
en vers, tels que le conte et la fable; dans les let-
tres; dans les sujets où l'on se propose d'instruire,
et généralement dans tous ceux où l'on parle de
choses simples et communes.

D. Qu'est-ce que le style tempéré?

R. Le style tempéré est celui qui joint à
l'élégance et à l'agrément, un air facile et naturel
qui déguise l'étude et la gêne. Egalement éloigné
du style simple et du style sublime, il n'a ni toute
la finesse du premier ni toute la véhémence du
second; mais sa marche douce et coulante a l'heu-
reuse facilité de l'un et quelquefois la noblesse
de l'autre. Les expressions choisies, les tours
nombreux, les pensées fines, délicates, ingénieuses,
forment son caractère.

D. Qu'est-ce que le style sublime?

R. Le style sublime appartient aux grands objets, à l'essor le plus élevé des sentiments et des
idées. Supposez aux pensées un haut degré d'élé-
vation, si l'expression est juste, le style est sublime.

IV

D. Quels sont les défauts qu'il faut éviter dans le style?

R. Parmi les nombreux défauts qui peuvent s'introduire dans le style, on peut signaler comme les principaux :

1º *Le faux dans les pensées et les sentiments,* qui consiste à lier des idées qui se répugnent ou à désunir celles qui ont du rapport;

2º *L'exagération, l'enflure,* qui viennent de ce que l'écrivain présente des pensées simples et communes sous des expressions pompeuses, ou de ce qu'il veut faire paraître grandes des choses qui n'ont rien de grand par elles-mêmes;

3º *L'affectation, les recherches, les pointes, les jeux de mots,* défauts qui sont le fruit autant de l'envie de briller et de dire d'une manière nouvelle ce que les autres ont dit simplement, que du soin trop marqué d'être naturel à force de familiarité et de négligence;

4º La *battologie* et la *tautologie* qui consistent dans un amas de mots et d'épithètes identiques; le *néologisme* qui consiste dans l'usage affecté de mots nouveaux; le *phébus* et le *galimatias* qui rendent le style obscur et la pensée souvent inintelligible;

5º L'*amphibologie* et les *équivoques* qui rendent la phrase susceptible d'une double interprétation. Les *équivoques* ne sont permises que dans les ouvrages badins et lorsqu'elles sont honnêtes. Elles peuvent avoir alors le mérite de l'épigramme.

V

D. Que faut-il faire pour se former à l'art d'écrire?

R. Les moyens généraux de se former à l'art d'écrire sont au nombre de trois : 1° *La lecture des bons modèles;* 2° *la composition;* 3° *l'imitation des maîtres.*

D. Qu'avez-vous à dire sur *la lecture des bons modèles?*

R. La lecture de bons modèles est singulièrement propre à développer le germe des talents. Ces modèles doivent être choisis parmi les écrivains, soit anciens, soit modernes, que l'opinion publique bien prononcée, certaine, invariable, a placés au premier rang. Le nombre de ces auteurs doit être très limité : Il y a plus de science dans un homme qui n'a lu qu'un petit nombre d'ouvrages, que dans celui qui en a lu beaucoup sans se donner le temps de les méditer et de les approfondir.

Il faut lire peu à la fois : les objets se fixeront plus aisément dans l'esprit. Une seule lecture n'est jamais suffisante pour se pénétrer de l'esprit d'un auteur.

Pour acquérir de l'oreille et se former soi-même à l'harmonie du style, le meilleur moyen est de lire à haute voix les auteurs qui se distinguent par cette qualité.

D. Qu'avez-vous à dire sur la *composition*, comme second moyen de se former à l'art d'écrire?

R. La *composition* doit être comme le fruit de la lecture. Celle-ci enrichit l'esprit, celle-là lui apprend à faire usage de ses richesses. Lorsqu'on est arrivé au point de tirer les choses de son propre fonds, il faut: 1° méditer son sujet de manière à le connaître parfaitement; 2° mettre par écrit ce que la sensibilité et l'imagination suggèreront de meilleur; non que ce premier jet doive assurer du succès; mais c'est le moment des belles pensées, des sentiments nobles, élevés ou pathétiques; 3° revoir ce premier jet, le corriger avec sévérité, en examiner les constructions, les liaisons, les tours, les figures, les expressions, et rejeter tous les mots qui présenteraient quelque chose d'impropre, d'incorrect, d'irrégulier; 4° soumettre son travail à un homme de goût qui, inflexible pour les moindres fautes, n'en laisse passer aucune, et soi-même être docile à la censure.

D. Qu'entendez-vous par *imitation des maîtres?*

R. *L'imitation des maîtres* en chaque genre

forme mieux que tous les préceptes. Cette imitation consiste dans l'art de transporter dans ses propres écrits, les sentiments et les pensées d'un auteur, en les déguisant avec esprit ou en les embel-
lissant.

Il ne faut que des modèles parfaits, et pour s'en
approprier les beautés, il faut les lire avec tant
d'attention, et se remplir tellement de leur esprit,
de leurs expressions et de leurs tours, qu'on
puisse en disposer comme de son propre bien, sans
gêne et sans contrainte.

Il faut bien se garder de cette imitation qu'on
appelle servile et qui conduit au *plagiat*. Le plagiat
est l'action de tirer d'un auteur le fonds d'un
ouvrage d'invention, le développement d'une notion nouvelle, le tour d'une ou de plusieurs pensées,
et de se les attribuer comme son travail propre.
Une bonne imitation plie le génie des auteurs au
nôtre, sans que le nôtre se plie jamais au leur.

EXERCICES PRÉPARATOIRES.

PREMIÈRE SÉRIE.

Compléments du sujet et de l'attribut de la proposition (1).

1.

Les brebis dirpersées bêlent dans les vallons. — Les jeunes agneaux bondissent dans la prairie. — La chèvre capricieuse grimpe sur les rochers, au bord des précipices. — Les oiseaux, habitants des verts bocages, gazouillent au retour du printemps. — Les bergers réunis sous un chêne touffu, chantent les plaisirs de la vie champêtre. — Les jeunes bergères, couronnées de fleurs, dansent sur la verte pelouse.

2.

La barque, fuyant devant la tempête, vogue vers le rivage. — Les vagues furieuses frappent les rochers couverts d'écume. — Les débris du vaisseau flottent le long de la côte. — Les vents déchaînés bouleversent la mer jusque dans ses abîmes. — Notre grand mât est brisé par la foudre. — La mer, après la tempête, fatiguée de sa tourmente, traîne à peine ses flots jusqu'au rivage.

---

(1) Nota. Le professeur doit exiger que tout *sujet* et tout *attribut* aient des *compléments*.

3.

Les étoiles scintillent innombrables dans l'azur des cieux. — Le hameau, assis au fond du vallon, est ombragé par des platanes. — La poussière, soulevée par le vent, tombe sur les feuilles des arbres. — La cigale solitaire chante à l'ardeur du soleil. — Des troupeaux de brebis errent sur les vertes collines. — La source limpide filtre à travers les fentes du rocher.

4.

Les grues, se rassemblant en troupe, volent vers le nord. — De pâles éclairs brillent dans les sombres nuages. — Le soleil, voilé par les brouillards, pâlit au milieu de sa carrière. — Le sentier tortueux conduit à une clairière de pins et de mélèzes. — L'aigle, roi des airs, s'abat majestueusement sur la montagne. — Les soldats arrivent dans leur patrie, chargés des dépouilles de l'ennemi.

5.

Le fleuve, grossi par la fonte des neiges, coule majestueusement vers l'Océan. — Les lions affamés déchirent les chrétiens condamnés par le tyran. — Les voûtes du temple retentissent de cantiques sacrés. — Le serpent furieux siffle en dressant sa tête altière. — La source desséchée par les ardeurs de la canicule, tarit au pied de la colline. — Les oiseaux effrayés par la voix du chasseur, volent çà et là dans le bocage.

6.

Un épouvantable tonnerre nous éveille en sursaut. — Le ver abject rampe dans la poussière. — L'aurore commençait à paraître, accompagnée d'une fraîche rosée. — L'eau bitumineuse et fétide du marais croupit sans se renouveler jamais. — D'innombrables poissons vivent dans les profondeurs de la mer. — Les feuilles des arbres sont emportées, en automne, par les vents du Nord.

7.

La foudre déchirant les flancs ténébreux des nuages, gronde sur nos têtes. — La terre, ébranlée par les feux souterrains, tremble sous nos pieds. — La pluie mêlée de grêle tombe à torrents. — La corneille, errante sur la grève, annonce la tempête. — Les barques, chargées de gais convives, vacillent sur les eaux frémissantes. — Les flots irrités engloutissent les frêles embarcations.

8.

Les malheureux naufragés, après des efforts

inouïs, abordent la côte, exténués de fatigue et couverts de blessures. — Le vent frais du matin frémit dans les feuilles des arbres. — Un rocher couvert de mousse est pour moi un siége plus doux que le trône des rois. — Les vapeurs du matin, en s'élevant, forment des nuages légers. — Les feux du soleil sont obscurcis par des vapeurs grossières. — Caressés par la brise, les arbres, au soleil levant, agitent leurs feuilles naissantes.

9.

Les vallées couvertes de fleurs exhalent mille parfums. — Les vents redoublant de fureur, détachaient des sommets anguleux des vagues, une espèce de crinière d'écume. — Le vaisseau, incapable de gouverner, vogue en travers, jouet du vent et des lames. — La surface des montagnes est labourée par les torrents. — Le saule funéraire abandonne aux vents sa longue chevelure. — Un vaste silence règne dans le désert.

10.

Le fleuve limpide arrose une délicieuse vallée. — D'immenses savanes se déroulent à perte de vue. — Des buffles réunis en troupeaux, vaguent à l'aventure, dans des pays sauvages. — Les vignes grimpantes s'entrelacent dans les rameaux des arbres. — Le palmier du désert balance légèrement ses éventails de verdure. — Les écureuils agiles se jouent dans l'épaisseur du feuillage.

11.

Les perroquets verts, à tête jaune, grimpent en circulant jusqu'au haut des arbres. — L'élastique sapin balance sa haute pyramide. — Un vieux chêne élève ses longs bras dépouillés de feuilles. — Le chien, fidèle ami du berger, marche à la tête du troupeau. — Le cheval aussi intrépide que son maître, affronte tous les périls. — Le cheval ardent et impétueux est dompté par la main habile et ferme de l'écuyer.

12.

La chèvre domestique est sensible aux caresses. — Parmi les hôtes des bois, les fauvettes, si vives, si légères, sont les plus aimables. — Le paon, roi de la basse-cour, marche majestueusement, en étalant la magnificence de son plumage. — Fier de sa noblesse et jaloux de sa beauté, le cygne captive les regards par la grâce et la majesté de tous ses mouvements. — De nombreuses sources d'eaux minérales jaillissent au pied de la montagne. — La porte de la grotte est tapissée de lierre.

13.

Un torrent impétueux se précipite sur un lit de

rochers. — Les flots du lac étincèlent à la lueur de l'incendie. — Fortement comprimées par les rochers, les vagues s'élancent dans l'air en gerbes d'écume. — Le fleuve resserré entre deux montagnes, roule ses flots tumultueux. — La lune, environnée de vapeurs légères, montait avec lenteur dans le firmament. — Le souterrain profond résonne au bruit de mes pas.

14.

Le rivage de la mer est blanchi par l'écume des vagues. — Les rives du fleuve sont ombragées par des bosquets touffus. — La rivière limoneuse fertilise la campagne, par ses paisibles débordements. — L'hiver glacé revêt sa grande robe blanche. — Des rocailles couvertes de mousse tapissent le fond de la grotte. — Un énorme rocher nous protége contre l'orage.

15.

Les troupeaux rassasiés ruminent à l'ombre de la forêt. — Les blonds cheveux de la jeune fille flottent au gré du vent. — Le riant printemps sème à pleines mains des fleurs sur son passage. — La montagne escarpée porte son front chauve et sévère jusque dans les nues. — Une noire tempête plane au-dessus de nous. — A la lumière du jour succèdent d'épaisses ténèbres.

16.

Le thym fleuri parfume la forêt. — La voiture emportée par des chevaux fougueux, a versé au détour de la colline. — Le bœuf fatigué traîne péniblement sa charrue. — Les branches des vieux arbres de la forêt craquent sous la violence de l'ouragan. — Le soleil, sortant radieux du sein des nuages, s'est montré dans toute sa splendeur. — Les oiseaux, effrayés par la voix du chasseur, volent çà et là dans le bocage.

17.

L'homme coupable désespère de son salut. — Entouré des soins les plus tendres, le vieillard s'éteignit dans les bras de ses enfants. — L'infortuné, tant de fois déçu, espère encore dans l'avenir. — Le commerce, encouragé par la paix, enrichit les peuples. — Les pyramides d'Egypte s'élèvent à une hauteur prodigieuse.

18.

La méditation religieuse perfectionne toutes les facultés de l'âme. — L'intrépide vaisseau brave les tempêtes. — La religion bien comprise ramène le calme dans la conscience. — Un long isolement aigrit les caractères les plus doux. — Une douce harmonie enchante nos douleurs. — L'inconstante fortune trompe nos espérances.

19.

L'homme, soumettant la nature à son génie, dompte les éléments. — Le bienfait, accordé de bon cœur, rafraîchit le sang. — Le repentir sincère épure la conscience. — Le flambeau de la science éclaire les mystères de la nature. — Les organes intellectuels s'affaiblissent par l'excès du travail. — Le voyageur fatigué implore l'hospitalité pour la nuit.

20.

Le petit enfant sourit à sa mère en lui tendant les bras. — La gloire militaire éblouit les peuples. — La piété sincère élève l'âme à Dieu. — Le respect pour les parents réconcilie avec Dieu. — La fausseté de l'hypocrite irrite le cœur même le plus indulgent. — L'opiniâtreté d'un ignorant offense le bon sens.

21.

L'expérience du monde manque à la jeunesse. — La résignation dans les souffrances intéresse les cœurs même les plus durs. — La simplicité craintive d'une jeune fille plaît à tout le monde. — L'impudence des coupables révolte leurs juges. — La jeunesse présomptueuse s'abuse sur les dangers du monde. — La reconnaissance des enfants récompense leurs parents.

22.

La modestie d'une personne instruite relève son mérite. — Les études historiques consolent des revers de fortune. — Les défauts du cœur répugnent aux âmes délicates. — L'avenir des nations est un secret de Dieu. — Le mépris des hommes pèse sur les consciences innocentes. — La dissimulation d'un jeune homme est un présage certain de corruption.

23.

La sincérité de l'aveu recommande l'indulgence et le pardon. — La douceur du langage séduit les cœurs les plus rebelles. — L'imprévoyante jeunesse s'expose à tous les dangers. — Le dédain immérité blesse profondément le cœur. — La ferme volonté de réussir peut faire surmonter les plus grands obstacles. — L'habitude du malheur endurcit contre les douleurs de l'âme.

24.

La peur de mourir oppresse la poitrine du criminel. — La soif de l'or tourmente sans cesse l'avare. — Le conquérant insatiable ravage le monde pour y laisser la trace de son nom. — Le

bonheur domestique est préférable à la gloire. —
Le crime, longtemps triomphant, tremblera devant le tribunal de Dieu. — L'âme, éclairée par
la religion, connaît toute l'étendue de ses devoirs.

25.

L'honneur des plus grands noms a été flétri par
la calomnie. — Le sort le plus cruel menace les
jeunes gens corrompus. — Les cœurs des malheureux proscrits palpitent au doux nom de patrie.
—Le guerrier couvert de blessures succombe sous
le nombre de ses ennemis. — Ce saint homme est
connu pour son inépuisable charité. — La persécution, supportée avec constance, grandit celui
qui en est l'objet.

26.

Le repas, joyeux d'abord, s'est terminé dans
les disputes. — Les livres de contes amusent nos
loisirs. — Les remèdes, pris avec excès, tuent les
hommes les plus forts. — Les querelles politiques
exaspèrent les caractères les plus doux. — La sévérité brutale rabêtit les enfants. — Les médecins
habiles sont toujours payés fort cher.

27.

La trompette de l'ange annonce la dissolution
de l'univers. — Le désir passionné du beau cher-

che sans cesse la perfection. — L'espérance d'une meilleure vie naît au sein d'une longue infortune. — Ces lieux solitaires impriment aux pensées un caractère religieux. — Le travail sans attrait dégoûte l'esprit le plus sérieux. — Les regards du serpent fascinent les oiseaux.

28.

Le bruit de nos victoires remplit l'univers. — Les étoiles du ciel parlent à mon âme un langage mystérieux. — Un cri de désespoir retentit dans mon cœur. — La passion de l'argent rapetisse le plus grand homme. — Souvent les réputations rapidement acquises tombent de même. — Les partis ennemis réagissent les uns contre les autres.

29.

L'excessive sévérité rebute la confiance. — L'enfant studieux recueille le fruit de ses efforts. — La répétition fréquente des mêmes paroles fatigue les oreilles et l'esprit. — L'esclavage politique réduit les hommes à la condition des bêtes. — Le vieillard, désabusé du monde, médite sur l'éternité. — Les yeux, miroir de l'âme, en reflètent les impressions.

30.

L'ingratitude d'un enfant refroidit le cœur de

ses parents. — Arrivé à l'âge mûr, l'homme regrette le temps perdu et les erreurs de sa jeunesse. — Le récit d'une bonne action réjouit le cœur. — La liberté, péniblement conquise, relève le courage d'une nation longtemps opprimée. — La haine comprimée reluit dans l'œil du méchant. — La sévère économie remédie aux revers de fortune.

31.

Un événement imprévu a renversé tous nos projets. — L'élève réfléchi répond avec une modeste assurance aux questions de son professeur. — La crainte des jugements de Dieu réprime les passions. — La conscience des honnêtes gens vous reproche des actes indélicats. — La vertu la plus vulgaire condamne vos opinions. — Le courage soutenu par la religion, résiste aux plus grands revers de fortune.

32.

L'enfant bien élevé respecte la vieillesse. — Le malheur partagé resserre les liens de l'amitié. — La crainte de perdre leur réputation retient bien des personnes au bord de l'abîme. — Le corps, issu de terre, retourne à la terre. — Un peuple égaré par l'esprit de conquête, rétrograde vers la barbarie. — Le dépit adroitement excité révèle les secrets du cœur.

33.

Le présomptueux désappointé revient à la raison. — Le rire sardonique révèle une haine implacable. — Le cruel remords détruit tout le bonheur de la vie. — Le ver imperceptible d'abord, ronge les plus beaux fruits. — La roue de la fortune tourne en ramenant les mêmes points. — Le luxe immodéré ruine les plus grandes fortunes.

34.

La calomnie habillement employée salit les plus belles réputations. — La résignation à la volonté de Dieu, sanctifie toutes les souffrances. — L'esprit dégagé de soucis enfante des images gracieuses. — La sécheresse persévérante dans un pays cause l'arrosement des pluies dans un autre. — La langue du méchant ternit la gloire la plus pure. — La toilette des femmes engloutit les plus riches patrimoines.

35.

La tombe du brave est sacrée pour la patrie. — La voiture emportée par des chevaux fougueux a versé au détour de la colline. — L'ingratitude d'un enfant afflige le cœur d'une mère sans le refroidir. — Le châtiment infligé à propos corrige les écarts de l'enfance. — La fréquentation des sots abêtit les géns d'esprit. — Le souvenir d'une mauvaise action empoisonne la vie.

36.

La méfiance ombrageuse dénature les intentions les plus généreuses. — L'orgueil de l'esprit dépare les plus beaux talents. — Agitée de sentiments passionnés, la multitude se divise en deux partis. — Malheureux, je survis à tout ce que j'avais de plus cher ! — Égaré dans les bois, je m'effraie du silence et de l'obscurité de la nuit. — Harassés de fatigue, nous soupirons après le repos.

37.

Tendre fleur, vous végétez abandonnée sur un sol étranger. — Assis sur le tillac, à la pointe du jour, nous découvrimes les côtes de notre chère patrie. — O vertu ! montre-toi parée de tous tes charmes, à nos yeux éblouis ! — Égarés dans la forêt, nous errons sans espoir de retrouver le chemin avant la nuit. — Satisfaits de notre ascension sur la montagne, nous descendons dans la plaine. — La fleur battue par l'orage, se flétrit sur sa tige.

38.

Les douleurs de l'enfant se renouvellent vives et poignantes, à l'aspect du tombeau de sa mère. —

Rivaux de talents et de courage, immortalisons-nous par d'utiles travaux. — La vie tourmentée par l'ambition, s'épuise sans toucher au bonheur. — La mémoire d'un premier bienfait se rafraîchit par un second. — Le railleur de profession s'expose à de fréquentes humiliations. — Les timides lapins se dispersent au moindre bruit.

39.

Tout l'horizon se charge de vapeurs ardentes et sombres. — A l'approche de la tempête, les eaux immobiles se couvrent de couleurs lugubres. — La blanche poussière des grands chemins se répand dans les campagnes. — Un lac vaste et profond se creuse au milieu de la plaine. — Le regard animé de l'enthousiasme se tourne vers le ciel. — Les vaines illusions du monde s'évanouissent en présence d'un tombeau.

40.

Absorbé par de hautes pensées, à l'aspect de ces ruines augustes je m'assis sur un tronçon de colonne. — D'immenses savanes se déroulent à perte de vue. — L'imagination poétique se retrace, au nom de l'Italie, les plus riants tableaux. — Des vieillards, assis autour d'une table champêtre, se consolent avec du vin et de jeunes pensées, des ravages du temps. — La fureur du lion s'annonce de loin par d'effroyables rugissements.

41.

Les pauvres, privés de vêtements, se réchauffent en se pressant les uns contre les autres. — Impuissants nous-mêmes à régler nos destinées, résignons-nous à la volonté de Dieu. — Les revers exempts de remords se supportent facilement. — Plein d'affection pour vous, mon enfant, je ne vous donne que d'excellents conseils. — Les mœurs les plus farouches s'adoucissent par l'éducation. — L'inconduite des pères de famille démolit les fortunes les mieux établies.

42.

Le loup affamé hurle pendant la nuit. — L'ignorance, toujours funeste aux mœurs, ravale les hommes à la condition des bêtes. — Le meurtrier, saisi par la police, pâlit en présence de sa victime, — Jaloux d'obtenir votre approbation, nous travaillons à nos devoirs avec toute l'application possible. — Assis au sommet d'une montagne, je contemple les beautés de la nature. — La prière fervente élève l'âme à Dieu.

43.

Encore de nos jours, l'arbre de la science a produit des fruits dangereux. — L'intérêt personnel aveugle la raison dans les questions les plus simples. — Les petits oiseaux becquètent les fruits les plus doux. — Le cœur endurci sur toutes les peines est aussi blasé sur tous les plaisirs. — La trompette guerrière réveille les soldats à la pointe du jour. — La cabane du pauvre recèle quelquefois les vertus les plus héroïques.

44.

La barque légère glisse silencieusement sur les eaux paisibles du lac. — Presque tous les tableaux des peintres célèbres représentent des faits historiques. — Souffrant et résigné, j'adore, ô mon Dieu, vos décrets éternels. — O Seigneur, éclairez les ténébres de mon esprit. — Instruit par le malheur, je regrette le passé. — Par vos chants mélodieux, vous saluez, petits oiseaux, l'arrivée du printemps.

DEUXIÈME SÉRIE.

—

Le sens de la proposition principale déterminé par des propositions incidentes.

45.

Lorsque les rameurs se battent, la barque chavire. — La rose jalouse de sa fraîche beauté, pique les doigts de celui qui veut la cueillir. — Le ruisseau serpente dans la campagne qu'il fertilise. — La ruse indigne, quand on a droit de compter sur la franchise. — La postérité sanctionne la gloire de ceux qui se sont dévoués au bonheur de l'humanité. — L'enfant ne prévoit aucun des dangers qui l'attendent.

46.

Les conseils sont bons, lorsqu'ils nous viennent d'un vieillard expérimenté qui n'a pas intérêt à nous tromper. — Je déplore l'aveuglement où vous êtes et qui vous cache le danger de votre situation. — Vous remporterez des prix à la fin de l'année scolaire, si vous vous appliquez à vos devoirs. — Le silence est nécessaire dans une réunion où l'on fait des études sérieuses. — Le soin qu'un élève prend de ses livres, révèle un esprit d'ordre et de propreté qui prédispose en sa faveur. — On par-

donne volontiers à un élève qui manifeste un sincère repentir de ses fautes.

47.

Un élève rebelle aux ordres de son professeur
est secrètement blâmé par ceux mêmes qui ont l'air
de l'applaudir. — On arrive à la perfection de
l'ensemble par les soins que l'on prend des détails.
—Vous serez aimé de vos condisciples, si vous les
aimez vous-même, et si vous ne faites rien qui
puisse leur déplaire. — Pardonnez à vos ennemis
si vous voulez que Dieu vous pardonne. — Défions-
nous des attraits du monde, car sous les fleurs se
cache souvent la vipère qui tue. — Suivons toujours
les lignes droites de la justice et de la raison, afin
de ne pas nous égarer dans le mensonge et le crime.

48.

Le plaisir que procure la vengeance est empoison-
né par le remords qu'il laisse au cœur. — Des plantes qui serpentent autour des arbres, s'entrelacent
dans leurs branches en forme de feston et de guir-
lande. — Le regard attristé s'égare sur des plaines
immenses que le fleuve dans ses débordements a
couvertes de débris. — Un sommeil de mort en-
vahit par degrés les sens du voyageur qui s'égare
dans les solitudes de la Russie.— Dès que le printemps a réchauffé la terre, le serpent sort de dessous

les sombres rochers où le froid de l'hiver l'a tenu engourdi. — Le sanglier furieux se dresse en lançant un regard sanglant sur le chasseur qui l'a blessé.

49.

Le voyageur rencontre des sites qui lui font regretter de ne pouvoir ralentir sa marche. — Lorsque le souffle des tempêtes a dispersé nos parents et nos amis, Dieu nous reste pour soutenir notre courage. — La poussière souille la pureté des fleurs, comme la calomnie flétrit la réputation d'une sainte. — L'enfant imprévoyant soupire après la liberté dont il ignore les dangers. — Le ciel sourit aux vœux que lui adresse l'innocence. — L'espérance d'un meillrur avenir soutient les forces de ceux qui ont confiance en Dieu.

50.

Les eaux stagnantes exhalent des miasmes qui portent le deuil dans les populations voisines. — Le torrent impétueux de l'opinion submerge ceux qui veulent l'arrêter. — Le vent humide qui passe sur la mer, tempère, sur la côte, les ardeurs de la canicule. — L'abondante récolte qui couvre la campagne, console le laboureur des rudes fatigues qu'il a dû supporter. — La tendre prévoyance d'une mère drotége son enfant contre les dangers qui mena-

cent sa faiblesse. — Les allées sombres et tortueuses plaiseut à ceux qui veulent se recuicllir dans de
graves méditations.

51.

L'équité triomphe dans tout les pays où les lois
gouvernent. — La plante vénéneuse comme la
plante salutaire, se couvre de verdure et de fleurs.
— La mort frappe tout, la modeste violette qui se
cache sous les fleurs comme le cèdre orgueilleux
qui s'élève sur les montagnes. — La liberté vivifie
l'industrie et les arts que tue la tyrannie. — Les
ormeaux que nous avons plantés dans notre jeunesse, ombragent l'avenue du hameau. — En en-
trant dans la grotte, l'œil du voyageur est ébloui
par l'éclat des stalactites qui pendent le long des
voûtes.

52.

Le rossignol, dont les chants mélodieux charment
les rêveries de l'homme heureux, importune celui
qui est en proie à de profonds chagrins.—Le temps
a démoli les magnifiques monuments où le génie
avait gravé l'histoire des héros de l'antiquité. —
Le despotisme abrutit les peuples que la liberté
perfectionne. — Le jeu qui ne devrait être pour
nous qu'une distraction passagère, appauvrit les
hommes, quand il devient uue passion. — Les

pleurs que le dépit fait couler ne nous attendris-
sent pas. — Nous compatissons à la misère, quand
elle est l'effet de malheurs immérités.

53.

Les ornements du style, s'ils sont employés avec
intelligence et sobriété, embellissent les sujets les
plus arides. — L'indulgence pour des fautes graves
enhardit les jeunes gens qui n'ont pas assez de
jugement pour calculer les conséquences d'une mauvaise action. — Les nuages dont l'aspect menaçant
nous avait effrayés, s'évanouissent tout à coup aux
derniers rayons du soleil. — Les fleurs souffrantes
qui s'inclinent vers la terre, s'épanouissent dès que
la pluie les a rafraîchies. — La longue et doulou-
reuse maladie que cette jeune personne vient d'es-
suyer, a flétri les roses de ses joues. — Les spec-
tateurs qui couronnent les hauteurs, frémissent
aux premiers coups de canon, précurseurs du
combat.

54.

Les intrépides bergers, s'encourageant l'un l'autre, gravissent sur la pointe du rocher, où le voyageur éperdu attendait la mort. — Les épis jaunis-
sent, quand la cigale commence à chanter, et que les
petits oiseaux s'échappent de leurs nids. — Les oiseaux jouissent dans les bois d'une liberté que les

hommes n'ont jamais connue. — Les rochers sous-
marins meurtrissent les malheureux naufragés qui
s'efforcent de gagner le rivage. — Les taureaux
lancés dans l'arène, mugissent de fureur, en enten-
dant les acclamations de la foule qui couvre tout
l'emphithéâtre. — Aux approches de l'automne,
les fruits qui chargent les arbres, mûrissent pour
fournir une nourriture raffraîchissante à tous les
êtres animés.

55.

Les plantes qui sont privées de la lumière du soleil, pâlissent comme le prisonnier dans un cachot.
— Les romans, en exagérant la peinture des passions humaines, pervertissent l'esprit et le cœur de
ceux qui se font de leur lecture, une occupation ha-
bituelle. — Le commerce des personnes bien éle-
vées polit les manières et le langage des jeunes gens
qui veulent devenir aimables. — On recueille dans
le témoignage de sa conscience, le prix du bien
qu'on a fait. — Dès que le printemps reparait, les
arbres refleurissent. — L'ingratitude de ceux que
nous avons obligés, refroidit dans nos cœurs le désir de faire le bien.

56.

La vue de ceux que nous rendrons heureux
réjouit les yeux et le cœur. — Les entreprises

réussissent à ceux qui agissent avec prudence et honnêteté. — La langue qui distille la calomnie salit les noms les plus purs. — Le cœur de l'homme sensible souffre à la vue des malheureux qui manquent de pain. — La rougeur qui monte au visage trahit le langage du menteur. — La prospérité aveugle ceux qui ne sont pas accoutumés aux faveurs de la fortune.

57.

La troupe défile, musique en tête, devant le général qui vient de l'inspecter. — L'enfant se désole de ne pouvoir saisir la lune qu'il voit dans le bassin. — L'hypocrite, sous son langage doucereux, dissimule les mauvais sentiments qu'il nourrit dans son cœur. — Le lâche recule devant le danger, avant même qu'il se montre. — Parmi les fleurs qui décorent le parterre, la rose brille le plus par sa beauté et sa fraîcheur. — L'ambitieux sommeille seulemeut, quand il parait dormir.

58.

Lorsque j'eus tourné le rocher, effrayé du précipice qui s'ouvrait sous mes pas, je me cramponnai à des broussailles, pour ne pas avoir le vertige. — La grotte que nous voulions visiter, se creuse au pied d'un énorme rocher dont la tête menaçante se penche en avant, sur le lit profond du torrent. — La cascade tombe en nappe d'une hauteur prodigieuse. — Après avoir considéré le volcan à son point de perspective, nous gravîmes la montagne pour le voir de près et jouir de tous ses détails. — Embelli par un rideau de verdure qui s'élève sur ses bords en forme de talus, le lac s'arrondit comme un bassin régulier creusé par la main de l'homme. — Épuisé de fatigue, je marchais pieds nus au bord d'un effroyable précipice, dans un sentier souvent interrompu, qui de loin ressemble à la corniche d'un monument.

59.

Effrayés de nous voir, les chevreuils que nous avions entendus sur les rochers au dessus de nos têtes, passèrent devant nous avec tant de légèreté que nos yeux eurent de la peine à les suivre. — Les eaux, après s'être confondues dans un vaste bassin naturel, circulent de toutes parts dans la vallée, dont elles arrosent les jardins et les prairies. — Le torrent grossi par les pluies, entraîne les débris des bois et des rochers, dans la vallée qui s'étend au pied de la montagne. — Après avoir visité la chapelle du désert, les pélerins agenouillés à l'entrée de la grotte, prient le saint solitaire qui l'avait longtemps habitée. — Surpris par la pluie, nous cherchâmes un asile dans la cabane des pâtres qui passent l'été dans les montagnes. — A mesure que le soleil montait, les brouillards sortant des gorges et des vallées, s'élevaient jusqu'au sommet des montagnes dont ils couronnaient les têtes.

60.

La conscience condamne les actions, quand elles sont mauvaises. — L'insolent ! il fredonne des ariettes, quand on lui adresse de justes et sévères reproches. — Si la charité élève et purifie l'âme, l'égoïsme gangrène le cœur. — La jeune paysanne, suivant les moissonneurs, glane les épis oubliés, afin de donner du pain à son vieux père. — Ne lésinez pas quelque secours aux pauvres; car vous ne savez pas si, comme eux, vous ne serez pas un jour réduit à tendre la main. — Les eaux minent peu à peu les fondements de la montagne qui finira par s'écrouler, si l'on n'y met ordre.

61.

Les enfants mal élevés se mutinent, au lieu d'écouter et de suivre les sages conseils qu'on leur donne. — Le fat se pavane dans les lieux publics, tandis que l'homme de mérite se cache et cherche le bonheur dans la solitude. — La gloire d'un grand homme rayonne sur le pays qui l'a vu naître. — Refrénez vos passions, afin de conserver la paix du cœur, sans laquelle il n'y a pas de bonheur pour nous dans ce monde. — La foudre sillonne les nuages que le vent du sud amène sur nos têtes. — Dès que l'aube paraît, la trompette sonne dans le camp pour donner le signal du départ.

62.

Comme nous entrons par la porte, le voleur décampe par la fenêtre. — Sous la douce température du midi, les arbriseaux développent leurs rameaux garnis de fleurs, à une époque où, dans le nord, la nature sommeille encore. — La pente accélère la vitesse de la voiture qui va se briser contre un roc planté au détour de la route. — Le sauvage admire les merveilles de notre industrie qu'on étale à ses yeux avec affectation. — La culture, quand elle est intelligente et assidue, améliore toutes les productions de la terre. — Les rayons du soleil colorent de mille nuances les fleurs qui croissent dans nos champs.

63.

Les rayons du soleil décolorent les tableaux qui y sont exposés. — Les peuples qui se laissent envahir par le luxe et la corruption dégénèrent rapidement. — Je déplore les fautes dont vous vous êtes rendus coupables. — On désespère d'un homme qui a perdu la conscience du bon et du beau. — On se déshonore quand on fait un acte

d'improbité. — Le temps détériore insensible-
ment les ouvrages les plus solides, quelques soins
qu'on se donne pour les conserver.

64.

La modestie plaît, comme la violette qui se cache sous les buissons. — Le loup dévore au fond
du bois, l'agneau qu'il a ravi à sa mère. — Les
paroles bienveillantes coulent sans effort de votre
bouche, parce qu'elles sont vraiment l'expression
de votre excellente nature. — Si vous voulez obtenir des produits plus parfaits et plus nombreux,
divisez le travail. — Quand on veut jouir d'une
grande considération, on cherche à briller, surtout par ses vertus. — La gloire d'un grand
homme de guerre pâlit devant la postérité, quand
des actes de véritable vertu n'en soutiennent pas
l'éclat.

65.

Ne désespérez pas de l'avenir, car vous ne pouvez pas connaître les desseins de la Providence. —
La lampe s'éteignit au fond de la grotte, parce
qu'elle manquait d'air pour en alimenter la
flamme. — Puisque vous avez l'expérience du
monde, conduisez-moi à travers ses écueils. —
Votre courage s'abat, parce que vous n'avez pas
assez de confiance en Dieu. — Ne nous effrayons

pas de dangers imaginaires, parce que nous aurons besoin de tout notre courage pour braver des périls réels. — Après avoir rempli les pénibles devoirs de l'apostolat, le missionnaire s'endormit dans le sein de Dieu.

66.

Ainsi périssent les traîtres qui ont livré leur patrie à l'invasion étrangère! — Si vous ne mettez un frein à vos passions, vous serez déchirés par d'implacables remords. — On se perfectionne par le soin que l'on met à régler ses actions selon les lois de la morale religieuse. — Quelques parfaits que nous soyons, l'examen attentif de nous-mêmes découvrira bien des défauts. — Domptez vos passions, car votre bonheur est à ce prix. — Il faut braver l'opinion publique, quand on a pour soi la conscience et la religion.

67.

Les vaisseaux de l'État ramènent en France les soldats qu'ont épargnés la guerre et l'épidémie. — Le pâtre assis sur un tronçon de colonne, siffle, en faisant paître ses chèvres dans les lieux où les conquérants recevaient les hommages de l'univers. — Quand la méfiance entre dans un salon, la conversation y tarit bientôt. — Je vole où le devoir et l'honneur m'appellent. — Si vous

avez le malheur de faire une offense à quelqu'un,
ne vous endormez pas sans l'avoir réparée. — La
résistance irrite quand elle n'est pas fondée sur la
justice.

68.

Une lampe funéraire éclaire faiblement les catacombes où sont déposés les débris de plusieurs
générations. — Le parfum de la violette qui se
cache sous les buissons trahit sa présence. — L'i-
magination nous égare, quand nous n'avons pas
assez de raison pour en régler les écarts. — Al-
lons, au péril de nos jours, secourir ces malheureux naufragés que les flots menacent d'engloutir.
— La mort est belle quand on la subit pour le salut de la patrie. — Quelque infortuné que nous
soyons, nous trouverons une compensation à nos
peines dans le témoignage d'une conscience pure,
si nous restons fidèles à la vertu.

69.

Je vous invite, mes amis, à venir prendre, à
ma campagne, le repos dont vous avez besoin,
après les études forcées que vous avez faites. —
Les ruines inspirent au poète de sublimes pensées,
quand elles sont jetées dans un désert, et qu'il s'y
recueille au milieu de la nuit. — C'est un beau
spectacle que nous présente un homme aux prises

avec une grande passion et la terrassant à ses
pieds. — L'étude passionne les grandes intelli-
gences qui veulent pénétrer les secrets de la nature pour s'élever à la connaissance de Dieu. —
Mon cœur est triste à la vue de tout ce qui se
passe dans le monde. — La haine excite en moi
des pensées qui me font peur.

TROISIÈME SÉRIE.

—

Emploi des conjonctifs.

70.

Après avoir traversé la rivière, nous aperçumes l'ermitage bâti, comme un nid d'hirondelle, sur le flanc d'un rocher à pic. — C'est là, dans cette retraite reculée et sauvage, que vivent de pieux solitaires dans la prière et la mortification. — Comme je contemplais les ondulations des vapeurs qui dessinaient sur l'horison mille figures bizarres, je vis sortir du sein des nuages un aérostat que je pris d'abord pour un météore. — Mon âme était livrée au désespoir, sur cette barque abandonnée, lorsque, à l'entrée de la nuit, la Providence m'envoya un libérateur. — Dès que l'orage se fut dissipé, je sortis tout tremblant de la caverne où je m'étais réfugié. — A peine fûmes-nous arrivés devant l'habitation où nous voulions passer la nuit, que nous en vîmes sortir un vieillard vénérable dont le langage et les manières nous charmèrent.

71.

Pendant que vous cueillerez des fleurs, je tresserai une couronne de roses pour la plus sage. — Je vous permets de jouer; néanmoins vous ne de-

vez le faire qu'après avoir accompli la tâche qui
vous a été imposée. — Je vous aime, mon enfant,
c'est pourquoi je tiens à faire disparaître tous les
défauts qui vous déparent. — Si chacun pouvait
agir selon sa volonté, la société serait bientôt en
pleine dissolution. — Nous vous soumettons à des
études sérieuses, parce que le savoir est une condition rigoureuse de succès, dans l'état de notre
civilisation. — Quand je rends service, je ne crois
pas remplir un devoir, mais payer une dette.

72.

Malheur à vous si vous méconnaissez les devoirs
que la société vous impose! — Les enfants ne fu-
rent pas plus tôt réunis sur la rive, que la glace
se rompit de toutes parts au milieu du fleuve, et
que la débacle commença. — Aussitôt que le voyageur fût entré dans la cour du château, les portes
se fermèrent, et les brigands qui le poursuivaient,
durent se contenter de lui envoyer des menaces et
des malédictions. — A peine les deux vaisseaux
eurent-ils déployé leurs pavillons, qu'une double
décharge porta jusqu'à l'horison le signal du combat, et poussa vers le ciel une double colonne de
fumée. — Il est incontestable que le sauvage
trouve de l'attrait dans l'indépendance de sa vie
nomade, et qu'il y sacrifie volontiers tous les avantages de notre civilisation. — Une fois que vous

aurez goûté le plaisir de secourir un infortuné,
vous ne trouverez de vrai bonheur que dans l'exer-
cice de la bienfaisance.

73.

Si vous obtenez des succès, vous recevrez de
vos parents des éloges et des récompenses. — C'est
vous qui avez été le plus favorisé ; néanmoins vous
avez l'air de vous plaindre. — A peine fûmes-nous
descendus sur le rivage, que nous vîmes apparaî-
tre sur le sommet de la colline voisine, une troupe de sauvages qui s'avancèrent fièrement vers
nous. — Votre esprit est si caustique que vous
blessez en voulant caresser. — Les deux sœurs
s'aimaient tellement qu'elles auraient donné leur
vie l'une pour l'autre. — N'est-ce pas ici que vous
m'aviez juré de ne jamais manquer à l'honneur ?
Cependant ces lieux, témoins de vos serments,
vous accusent d'avoir trahi la patrie.

74.

Pourquoi, mon fils, avez-vous manqué à la pro-
messe que vous m'aviez faite, de périr plutôt que
d'abjurer votre foi ? — Les flatteurs prodiguent les
louanges ; mais ils se rient intérieurement de ceux
qui les écoutent. — Après que j'eus rendu les derniers devoirs à mon ami, je m'enfonçai dans la solitude, pour pleurer tout à mon aise la perte

cruelle que je venais de faire. — Cette fleur est admirablement dessinée; mais elle manque de coloris. — Quoique la richesse procure le bien-être matériel, elle ne saurait donner le bonheur. — Je suivais le cours sinueux de la rivière: tantôt elle paraissait calme et unie comme une glace; tantôt elle se précipitait impétueuse à travers les rochers, et elle disparaissait dans des massifs de verdure.

75.

On doit oublier les offenses, mais jamais les bienfaits. — Appliquez-vous à perfectionner toutes les facultés de votre âme, si vous voulez jouir, un jour, de l'estime publique. — Le voyageur commençait à s'endormir, quand le vent de la mer, poussant avec rapidité de gros nuages, amena la tempête sur les cabanes des pêcheurs. — A minuit, le guerrier entra dans le temple; il s'agenouilla sur les premières dalles: puis il s'avança dans la nef, dont le silence n'était troublé que par le bruit retentissant de ses pas et le cliquetis des éperons dont ses bottes étaient armées. — Allez cueillir des fleurs; ensuite portez-les à votre bonne mère; puis, mon enfant, venez m'embrasser. — Parce que vous jouez trop, vos parents vous grondent.

76.

Il y a moins de gloire à vaincre un redoutable

ennemi, qu'à se vaincre soi-même. — Nous trouvons plus de bonheur dans les illusions de l'esprit que dans les réalités de la vie. — Naturellement nous sommes portés plus au bien qu'au mal, et cependant nous faisons plus de mal que de bien. — Votre prononciation me plaît autant que votre écriture me déplaît. — Plus vous serez aimable, plus vous serez aimé. — Vous montrez dans la confection de vos devoirs plus de mollesse et de négligence que d'activité et d'application.

77.

Ou vous travaillerez avec ardeur, ou vous aurez à supporter la peine de votre négligence. — Ni l'or ni les honneurs ne nous rendent heureux. — Ces arbres portent de bons fruits ; aussi nous les soignons avec une attention particulière. — Vous habitez la campagne, monsieur, vous pouvez donc apprécier tous les charmes de la solitude, pour un cœur désabusé des fausses grandeurs du monde. — Toute faute mérite châtiment ; or, votre conscience n'a-t-elle à vous reprocher aucune action blâmable ? — Vous êtes d'autant plus coupable de ne pas savoir vos leçons, que votre mémoire est excellente.

78.

Quel spectacle que celui de la mer, lorsque la

tempête la remue jusqu'au fond des abîmes, et qu'au milieu de la tourmente, un vaisseau lutte avec succès contre les éléments conjurés contre lui ! — Depuis que vous êtes riche, vous semblez oublier qu'il y a des pauvres sur la terre. — Ni les talents ni les vertus ne sont des titres à la faveur du pouvoir, quand la justice ne préside pas au gouvernement d'une nation. — Pendant que le vieillard sommeille, sa fille bien-aimée pose doucement sur sa tête une couronne de fleurs. — Pourvu que le temps nous favorise, demain nous toucherons au port, malgré nos avaries. — Vous avez fait plus de travail qu'on ne vous en demandait ; par conséquent les éloges qu'on vous donne, sont mérités.

79.

Quand on est arrivé au port, qu'il est doux de rappeler le souvenir des orages et des tempêtes. — A moins que nous supposions Dieu injuste, nous devons admettre le dogme des peines et des récompenses futures. — A mesure que le soleil monte, le brouillard épais qui couvre la plaine se dissipe et disparaît. — Soyez franc, je le veux ; d'ailleurs votre intérêt vous l'ordonne. — Restez ici, ma sœur, pour consoler notre malheureux père ; quant à moi, je vais recueillir les débris de notre ancienne fortune. — Agissez toujours avec

prudence; au reste, je vous transmettrai des ins-
tructions plus étendues, quand le temps sera
venu.

80.

Bien que les chemins soient sûrs, la prudence
exige que vous ne voyagiez pas seul et sans armes.
— Je n'ai aucun autre conseil à vous donner, d'autant que j'ai lieu de compter sur votre intelligence
et sur vos sentiments d'honneur. — J'aime surtout les promenades du matin, quand ma tête est
fatiguée par l'insomnie. — Hâtons nos pas, sinon
la nuit nous surprendra dans ces dangereux ra-
vins. — Nous voilà enfin délivrés de ces parleurs
éternels qui font profession d'embrouiller les
questions les plus simples. — Non-seulement je
respecte mon père, mais encore je m'exposerai à
tous les périls pour lui prouver mon amour.

81.

Tant que je vivrai, je me souviendrai des bontés
que vous avez eues pour moi. — Vous blâmez votre fils, pourtant c'est votre faiblesse qui l'a rendu
coupable. — Attendu que vous n'avez pas apporté
dans le saint lieu, le respect et le recueillement
que j'attends de vous, vous serez privé de jouer au-
jourd'hui avec vos condisciples.— Voici venir l'o-
rage : d'abord on voit dans le bocage les arbris-

seaux courber à peine leurs têtes tremblantes;
mais quand la tempête s'élève dans les airs et mu-
git, la forêt ébranlée jusque dans ses racines, plie
en disputant à l'ouragan ses longs sapins tordus et
brisés. — Où choisir d'assez fraîches couleurs
pour peindre ton vermeil incarnat, reine de nos
bosquets! — Lorsque le vent fait légèrement on-
duler les nuages et les attache aux flancs des rochers comme de vivantes draperies, j'aime à laisser flotter ma pensée au milieu des scènes vapo-
reuses de l'air.

82.

Une preuve que votre conduite est repréhen-
sible, c'est que vous refusez de rendre un compte
fidèle de l'emploi de votre temps. — Dans quelque position que nous ait placés la Providence,
nous saurons l'occuper dignement, si nous avons
commencé par acquérir le goût et l'habitude de la
vertu. — Vous avez été trompé sans que vous
ayez réfléchi que la flatterie cache toujours une
arrière-pensée. — Si grande que soit votre fortune, vous en viendrez à bout, si vous n'avez de
l'ordre dans l'administration de vos affaires. —
Souvenons-nous que les vices marchent toujours
à la suite de l'oisiveté. — Il est toujours facile de
remplir sa vie d'une manière louable, sans oublier
combien l'entière inaction est proche de la misère
et du crime.

—

83.

L'homme modeste craint d'humilier l'amour-propre des autres.—On peut tirer de grands avantages du malheur.—La reconnaissance des malheureux que nous avons secourus, attache un magnifique trophée à notre tombe. — Souvenez-vous, mes enfants, que la contradiction décèle toujours un mauvais caractère. — Un ancien philosophe disait qu'il préférait une goutte de sagesse à des tonnes d'or. — Notre vie est comme un torrent qui parcourt tour à tour des contrées sauvages et des plaines fertiles, et qui va se perdre sous le sable.

84.

Le pauvre qui donne peu, mais volontiers, a plus de mérite que le riche qui donne beaucoup, mais à contre cœur. — On ne peut échapper à la médisance; elle contrôle toutes les actions, accuse toutes les pensées; elle déchire toute l'espèce humaine. — Si vous voulez qu'on n'ait pas une mauvaise opinion de vous, n'ayez pas une mauvaise conduite. — L'homme sensible, en voyage, est tenté de s'arrêter chez les premières bonnes gens qu'il trouve : chaque départ lui devient un supplice; il parsème ses affections derrière lui. —

Quelque défiance que nous ayons dans ceux qui nous flattent, nous croyons toujours qu'ils nous disent plus vrai que ceux qui nous critiquent. — Nous croyons être savants, et souvent nous ignorons les choses les plus vulgaires.

85.

Lorsque les louanges sont médiocres, celui qui les reçoit, en éprouve plus de dépit que de reconnaissance ; tant l'amour-propre est susceptible. — Certains hommes sont comme ces animaux qui, dès qu'ils ont goûté du sang humain, ne peuvent plus s'en désaltérer. — Celui qui ne se croit pas heureux ne l'est pas. — C'est par les lumières de la raison seulement que l'on a prouvé clairement les principes de la religion naturelle, et que l'on a confirmé, fortifié la religion révélée. — Quand l'égoïsme est universel, la misère est générale dans un pays. — Il est impossible de faire du mal aux autres sans se faire du mal à soi-même.

36.

On commence par se pincer, en disputant ; puis on s'égratigne, on se déchire, on se tue. — Le sage est grand dans les plus petites choses ; le méchant est petit dans les plus grandes. — Un cœur sensible est mal à l'aise dans un muséum d'histoire naturelle ; il voudrait pouvoir dire aux immobiles habitants de ces brillantes catacombes; « Secouez votre poussière et marchez. » — Nul méchant n'est heureux. — Pendant les tempêtes, il est impossible d'empêcher les passagers de raisonner sur la manœuvre: la mort est devant eux. — Le temps renverse tout ce qu'il élève.

FIN.

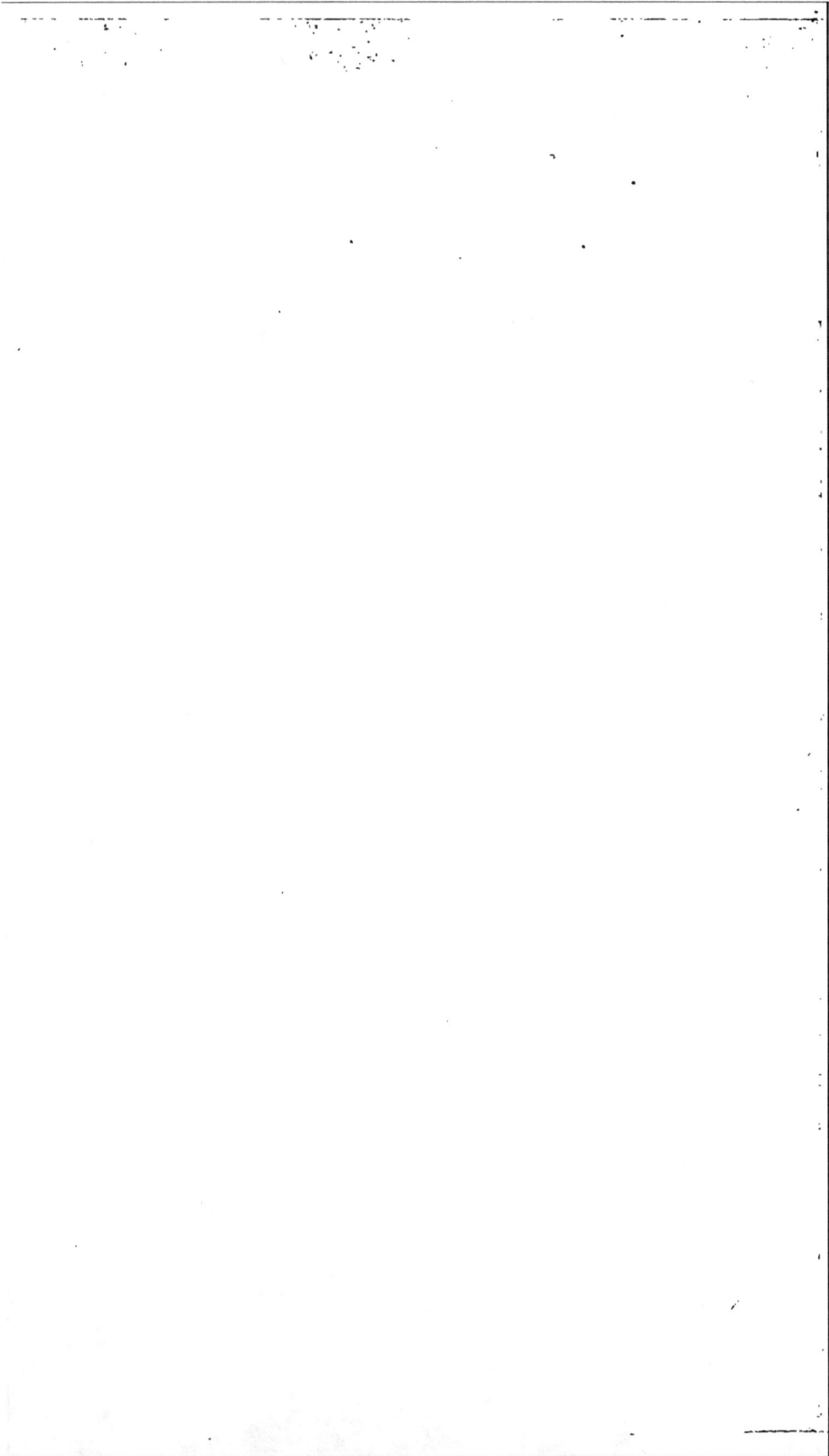